AF297965

PREMIÈRE LETTRE

A M. DESJOBERT,

Député de la Seine-Inférieure,

A PROPOS DE SON LIVRE SUR LA QUESTION D'ALGER,

Par M. FRANQUE, Avocat.

A Paris,

RUE GUÉNÉGAUD, 25.

Et chez **BOHAIN**, boulevart des Italiens, 10.

1837.

Paris.—Imprimerie de Gregoire et Compagnie, rue du Croissant, 16.

PREMIÈRE LETTRE

A M. DESJOBERT,

Député de la Seine-Inférieure,

A PROPOS DE SON LIVRE SUR LA QUESTION D'ALGER.

MONSIEUR,

Je viens de lire votre livre sur la question d'Alger. Je sais tout ce que votre caractère, votre position dans la Chambre, peuvent imprimer d'autorité à des opinions que vous soutenez avec autant de bonne foi que de talent. Vos argumens sont présentés avec art, et ce qu'ils ont de spécieux peut frapper l'esprit de quelques uns de vos collègues à qui le temps aura manqué pour puiser dans les documens originaux une conviction indépendante et réfléchie. La question d'Alger, si simple au fond, s'est pourtant compliquée de fatalités si étranges, de malheurs si imprévus, de fautes si graves, de méfiances si sottes, de terreurs si vaines et, en un mot, de si basses et si criminelles passions, que l'on doit s'estimer heureux de trouver là-dessus une opinion toute faite et nettement formulée par un homme aussi honorable qu'éclairé. Enfin, Mon-

sieur, les circonstances particulières au milieu des-
quelles paraît votre livre doivent contribuer encore
à lui assurer plus de crédit et de puissance. Si le
drapeau français flottait sur la porte d'El-Cantara,
votre voix eût eu quelque peine à se faire entendre;
chacun eût voulu avoir sa part de la victoire, même
le plus chèrement achetée ; mais un HASARD inouï a
humilié l'honneur de nos armes, le sang de nos bra-
ves soldats a coulé dans la boue, les Arabes ont pu
étaler impunément aux regards de nos bataillons
engourdis les têtes fraîchement coupées, et la *réaction*
s'est faite : elle peut, Monsieur, grâce à votre livre,
dans ce pays de merveilleuse mobilité, entraîner quelques bons esprits. Certes, ce n'est point là ce que
j'eusse craint à Rome, et ceux qui se souviennent si
bien des turpitudes de Calpurnius devraient bien
savoir ce qui s'y passait quand Annibal campait à ses
portes.

Un point encore m'embarrasse, Monsieur. Vous
dites que vous avez reçu *mandat du peuple* pour veiller
à ses intérêts et que vous les défendez envers et contre
tous, contre *le peuple lui-même*, dont on exploite les
passions les plus généreuses. Ces paroles m'ont tou-
ché. Je me suis demandé si j'avais moi-même quelque mandat pour défendre les intérêts du peuple, non
pas contre le peuple lui-même, mais contre vous,
Monsieur, et, en y réfléchissant bien, j'ai cru voir que
vous étiez entraîné par une noble illusion et que vous

preniez pour un *mandat du peuple* le mandat qui vous
a été conféré par le 9ᵉ arrondissement électoral de la
Seine-Inférieure. Neufchâtel n'est point la France, et
peut-être même que les honorables électeurs dont
les suffrages vous ont porté à la Chambre ne
partagent point tous vos opinions sur la question
d'Alger. Quoi qu'il en soit, si la Chambre des dépu-
tés est la fidèle expression du corps électoral, il est
évident que le corps électoral veut à la fois et la conservation et le développement de notre colonie
d'Afrique, puisque la Chambre, depuis six ans, a tou-
jours voté l'un et l'autre. Je suis donc, Monsieur, tout-
à-fait rassuré. A juger du reste de la nation par le
corps électoral, jamais question ne fut plus populaire
en France et n'y jeta de plus vives et de plus pro-
fondes racines. Ne dites donc pas que vous voulez
défendre les intérêts du peuple contre le peuple lui-
même : car tel de vos collègues, investi d'un
mandat semblable au vôtre, pourrait vous reprocher
durement de n'avoir voulu défendre que les intérêts
bien ou mal compris de Neufchâtel ou de Rouen.
Quant à moi, Monsieur, je ne vois que le pays, et ma
conviction, plus ardente encore, sinon plus désinté-
ressée que la vôtre, est mon seul mandat.

Chose singulière, Monsieur! j'ai cherché la lumière
et la vérité aux mêmes sources que vous. J'ai lu, j'ai
consulté comme vous tous les documens sérieux, offi-
ciels qui ont paru sur la question d'Alger. Comment

se fait-il donc, Monsieur, que nous soyons arrivés à des conclusions si différentes? Cela tient-il seulement à la diversité des esprits? Je ne le crois pas. Mais j'espère vous démontrer que vous avez obéi aux préventions les plus aveugles, que vous avez succombé, très involontairement sans doute, à cette maladie bizarre qui atteint les intelligences les plus élevées, les porte à prendre le contre-pied de l'opinion générale et à s'enchevêtrer dans le paradoxe pour défendre des causes perdues à l'avance. Ces sortes de combats ont le privilége de fixer curieusement l'attention publique, et il est rare qu'un athlète habile n'y gagne pas un peu de célébrité aux dépens de tous les intérêts que, chaque année et comme à plaisir, il menace de ruine et de bouleversement.

J'aurai donc, Monsieur, à vous opposer les autorités mêmes que vous invoquez. J'aurai à rétorquer contre vous vos propres argumens : car tel est l'excès de votre préoccupation et tel est aussi le danger de votre position, que les témoignages que vous citez comme vous étant favorables vous sont réellement contraires, et que, chez vous, les conclusions sont nécessairement fausses et incomplètes. C'est ainsi, Monsieur, que vous mutilez les opinions émises par les membres de la première commission d'Afrique dans la séance du 28 octobre 1833, et que vous rapportez la fin du procès-verbal de cette séance pour en tirer un argument contre la colonisation Le procès-verbal se termine en effet de la manière suivante : « Il résulte des opinions ci-dessus transcrites que, par les divers motifs d'utilité, de convenance, de nécessité qui y sont exprimés, la régence d'Alger doit être définitivement *occupée* par la France. » Et vous ajoutez : « La com- mission avait dit *occupée,* et non *colonisée.* Elle ne pou- vait aller plus loin : elle aurait été trop en opposition avec ses opinions. Il est remarquable en effet qu'un seul membre, et nous devons dire que c'est l'honora- ble député de Marseille, s'est prononcé pour la colo- nisation sans réserve ; un seul, et c'est l'officier de marine, s'est prononcé contre l'occupation ; et les au- tres ont conclu à la conservation, non qu'ils la trou- vassent bonne et avantageuse pour la France, mais parce que telle était l'opinion de la France. » Eh bien, Monsieur, votre commentaire est, à mon sens, d'une rare malice, et je doute fort que les membres si dis- tingués de la commission d'Afrique reconnaissent ja- mais leur opinion dans celle que vous leur prêtez. Ces honorables membres avaient trop bien compris l'im- portance de leur mission pour abdiquer ainsi toute indépendance personnelle et conclure à la conserva- tion, *non qu'ils la trouvassent bonne et avantageuse pour la France,* mais *parce que telle était l'opinion de la France.* S'ils ont conclu à la conservation, c'est qu'ils l'ont trouvée bonne et avantageuse pour la France sous tous les rapports, politique, militaire, maritime, agri- cole et commercial, et les motifs de cette opinion sont plus ou moins énergiquement reproduits par chacun d'eux. Il n'est pas un seul membre de la commission qui ne se montre frappé des avantages que présente notre colonie d'Alger : je n'en excepte pas même l'officier de marine, qui, sans conclure à l'abandon, déclare timidement et avec la plus grande réserve que les inconvéniens lui paraissent plus grands que les avantages. Je dis plus : C'est que tous les membres de la commission ont considéré la colonisation comme le complément indispensable de l'occupation. Telle est, Monsieur, l'analyse exacte et vraie de la troisième séance de la commission d'Afrique. Cette troisième séance devait être uniquement consacrée à la question de conservation. Le procès-verbal est intitulé *Opinion des membres de la commission sur la question de conservation*. Il n'est donc point étonnant que le procès-verbal se termine par ces mots : « Il résulte des opinions ci-dessus transcrites que, par les divers motifs d'utilité, de convenance, de NÉCESSITÉ qui y sont exprimés, la régence d'Alger doit être définitivement *occupée* par la France. » La commission dit *occupée* : elle ne pouvait pas dire *colonisée*, car la question de colonisation n'avait point été mise à l'ordre du jour de la séance ; et si elle l'eût dit, elle eût été non point en *opposition*, comme vous le prétendez, mais en *accord parfait* avec ses opinions. Vous savez d'ailleurs fort bien, Monsieur, que la commission, poursuivant le cours de ses travaux, traita particulièrement et d'une manière approfondie la question de colonisation dans ses séances des 27 et 29 octobre. Avez-vous oublié les conclusions de la séance du 27 ? Les voici :

« *La commission exprime ainsi son opinion :*

» UNE SIMPLE OCCUPATION MILITAIRE SERAIT ONÉREUSE ; L'ÉTABLISSEMENT DE SIMPLES COMPTOIRS SERAIT SANS PROFIT.

» LA RÉGENCE D'ALGER DOIT ETRE OCCUPÉE A TITRE DE COLONIE FRANCAISE. »

Me permettrez-vous maintenant, Monsieur, de vous rappeler les conclusions de la séance du 29, consacrée à la *question de savoir si on admettrait dans la colonie des Français seulement ou des colons, sans distinction d'origine?* Ces conclusions ne sont pas moins remarquables que les précédentes :

« La discussion est épuisée, et la commission formule ainsi son opinion :

» Libre admission des colons, quelle qu'en soit l'origine, à moins que leur universalité ne soit bien reconnue ; faveur accordée aux agriculteurs et aux artisans ; passage gratuit pour les nationaux ; ateliers publics ouverts dans la colonie pour donner, pendant un certain nombre de jours, du travail au moment de leur arrivée. »

Plus loin, dans la même séance, après une autre discussion , la commission résume ainsi son opinion :

« Les colons peuvent raisonnablement attendre de l'Etat qu'il concoure, dans des proportions et aux conditions qui seront déterminées, à l'exécution de grands travaux d'assainissement et de desséchement. »

Vous avez sans doute lu, Monsieur, les dernières seances de la commission consacrées à l'enquête sur la culture et la colonisation. Vous avez lu les deux excellens rapports de M. de la Pinsonnière sur la colonisation, rapports approuvés par la commission et sans contredit les plus dignes de l'être. Mais si vous avez lu tout cela, Monsieur, comment pouvez-vous aujourd'hui, défigurant par une fausse et injurieuse interprétation un passage du procès-verbal de la troisième séance de la commission, écrire que les opinions de cette commission sont contraires à la colonisation ? Cela est inexat, complètement inexact, et je viens de vous le démontrer jusqu'à la plus extrême évidence. Je vous porte le défi de rouvrir la discussion à ce sujet. Il y a donc eu de votre part, Monsieur, je ne dirai pas mauvaise foi (personne n'honore plus que moi la loyauté de votre caractère et de vos intentions), mais il y a eu légèreté, prévention, passion, c'est-à-dire tout ce qui peut troubler le plus le jugement et l'égarer hors des voies de la vérité. Je tremble que ceux de vos honorables collègues qui ont omis d'étudier les rapports de la commission n'aient été abusés sur ce point par l'apparente impartialité de votre témoignage. Et c'est là, vous le savez bien, Monsieur, le point capital ; c'est là le point de départ de tous les travaux qui ont été faits depuis.

C'est dans les travaux de la première commission que la deuxième commission, présidée par M. le duc Decazes, a puisé d'abord les élémens de sa conviction. Cette deuxième commission, recrutée de capacités nouvelles, éclairée par de nouvelles discussions, par de nouvelles enquêtes, a formulé énergiquement des conclusions qui ne sont pas moins favorables à la colonie d'Alger que celles de la première commission. Il est vrai que la deuxième commission ne trouve pas plus grâce à vos yeux que la première, et que vous taxez courageusement d'absurdité le rapport général de M. Mounier, en disant que *d'après les motifs, l'occupation n'aurait pu être trop restreinte, et que, d'après la conclusion, elle était beaucoup trop large.* Je ne veux pas, Monsieur, vous démontrer encore ici que vous avez mal lu (je n'ai nul besoin de défendre contre vos attaques le rapport de M. Mounier); mais je ne puis m'empêcher de déplorer encore une fois cette prévention funeste qui vous porte sans cesse aux interprétations les plus erronées et les plus fausses, qui vous fait altérer la vérité à chaque page de votre livre, et qui vous met en rébellion ouverte contre les autorités les plus imposantes et les plus illustres, contre les deux commissions d'Afrique, contre les chambres de commerce du royaume, contre tous les hommes enfin qui ont traité la question d'Alger avec savoir, impartialité, modération et indépendance.

Ce n'est point moi, Monsieur, qui tirerai contre votre livre un argument de ce que vous n'êtes point allé en Afrique. Je suis convaincu que ce voyage vous eût été complètement inutile et qu'il ne l'eût pas moins été au pays. Vous auriez mal vu comme vous avez mal lu. Mais ce que je ne vous pardonne point, c'est de n'ajouter aucune foi à ceux qui en reviennent et qui nous rapportent le consciencieux tribut de leurs observations et de leurs lumières. Ce que je ne vous pardonne point, c'est de vouloir effacer en pénétration, en sagacité, en logique tant d'hommes mûris et expérimentés. Ce que je vous pardonne encore moins, c'est de tronquer, de dénaturer les documens les plus respectables, et de donner ainsi le change aux esprits crédules ou irréfléchis. Non, Monsieur, non, il n'est point vrai, comme vous le prétendez, que *presque toutes les personnes qui ont étudié à fond cette question soient arrivées vers l'opinion que vous soutenez:* il n'y en a pas une seule, au contraire, de celles-là, qui ne repoussât violemment tout soupçon de complicité intellectuelle avec vous sur cette question. Votre système, que je n'ose point désigner encore par le nom que vous lui donnez, serait flétrissant pour la France et nous couvrirait d'ignominie aux yeux du monde. Le vrai système, le système national, celui que je veux défendre, moi, au nom du pays, au nom des intérêts qui se sont créés et que vous sacrifiez inpitoyablement, au nom des colons que vous livrez au fer des Arabes, ce système a été tracé d'une main ferme par les deux commissions d'Afrique, il est sanctionné par l'opinion et il le sera définitivement par le gouvernement et par les Chambres (1).

C'est ce système qu'il s'agit aujourd'hui de rechercher et de mettre en lumière. Je vous dirai, Monsieur, dans une prochaine lettre pourquoi vous ne l'avez pas même entrevu et pourquoi vous n'en dites pas un seul mot dans votre livre.

Agréez, Monsieur, etc.

---

(1) Tous les hommes éminens par le caractère ou par le talent qui ont vu l'Afrique ou ne l'ont point vue, les Mounier, les Mortemart, les Caraman, les Mérilhou, les Thiers, les Guizot, les Soult, etc.; tous les hommes qui comprennent l'intérêt du pays dans un sens large et élevé, qui sentent et aiment les grandes choses, sont favorables à Alger et à la colonisation, et se rallieront au même système. Alger a, par conséquent, pour adversaires naturels, à quelques exceptions près, ceux qui évaluent tout en dépenses et en recettes — cent francs, au denier vingt, combien font-ils? cinq livres — et qui croient que les affaires d'une grande et généreuse nation peuvent se traiter comme les affaires d'un ménage de la rue Saint-Denis. Quelques uns voteront contre Alger comme le bourgeois d'Athènes contre Aristide, parce qu'ils sont fatigués d'en entendre parler.

www.ingramcontent.com/pod-product-compliance
Ingram Content Group UK Ltd.
Pitfield, Milton Keynes, MK11 3LW, UK
UKHW022259070726
13613UKWH00005B/2392